Trauer Sehnsucht Hoffnung

Band 2

AF188628

ein Buch mit Gedichten und Geschichten zu den Feiertagen, an denen uns
geliebteMenschen, die voraus gegangen sind, besonders fehlen.

2017 NINO ENGEL

2017 NINO ENGEL

Trauer Sehnsucht Hoffnung

Gedichte und Geschichten

zu den Feiertagen

An Feiertagen gedenken wir unseren Lieben ganz besonders. Sie fehlen uns jeden Tag, aber an solchen Tagen immer noch ein bisschen mehr.

Diese Gedichte und Geschichten zu den Feiertagen sollen nicht nur zum Nachdenken anregen, sondern vor allem Hoffnung bringen!

Herstellung und Verlag: BoD– Books on Demand
Norderstedt
ISBN: 9783744881715

Inhaltsverzeichnis

Ein Jahr ist vorüber,

in Freude und Schmerz,

in Trauer und Hoffnung

berührte es das Herz.

Was bracht es, was nahm es?!

Schaun wir mal zurück.

So manche Pechsträhne,

doch auch manches Glück.

Sehnsucht und Liebe,

Versuch zu verstehn.

Doch vielmehr den Blick

auf ein Wiedersehn!

Silvester

Von allen Bräuchen auf der Welt

ist dieser auch nicht schlecht.

Der letzte Tag ist abgezählt.

Auf zum lauten Gefecht!

Für unsre Kinder, unsre Lieben,

mit Sekt und Feuerwerk.

Es ist soviel zurück geblieben.

Das gibt uns Kraft und Stärk.

Leutet das Jahr freundlich ein,

heißt herzlich es Willkommen.

Und trinkt darauf ein Gläschen Wein.

Das mögen auch die Frommen.

Mag das neue Jahr ein Gutes werden

für alle überall.

Mag Frieden sein hier auf Erden

für immer ohne Zahl!

Adventslicht für dich

Seh die vielen Lichter brennen,

und mir wird ganz schwer ums Herz.

Denk an Zeiten, die so glücklich

und nun ist da dieser Schmerz.

Denk an deine Funkelaugen,

als du warst noch ganz klein.

Du strahltest soviel Freude aus

im hellen Kerzenlichterschein.

Und später saßen wir mit Glühwein

manchmal so zu zweit.

Und machten Pläne, lustge schöne

für die Weihnachtszeit.

Heute sitz ich wehemütig,

denk an diese schöne Zeit.

Denk an dich und an dein Lachen

an deine Fröhlichkeit.

Ein großes Loch hast du gelassen,

doch die Liebe ist geblieben.

Ich zünde dir ein Lichtlein an

zum Advent, weil wir dich lieben.

Es muß so kurz vor Weihnachten gewesen sein. Ein kleines Mädchen, vier Jahre jung, irrte allein im Trubel der Menschenmassen umher. Es wollte auch sehen, wo es ist und was es gibt, aber da waren so viele Menschen und die waren alle viel größer, als es selbst, so dass ihr die Sicht auf alles versperrt war. Es sprach sie auch niemand an oder half ihr. Die Menschen waren alle in Eile, sie hetzten umher und so bemerkte keiner das kleine Mädchen.

Plötzlich stand es in einer großen Schlange, wo es doch ein Stück weit sehen konnte. Ganz vorn war eine große Scheibe und hinter dieser Scheibe saß der Weihnachtsmann. Vor ihm standen 2 Kinder und daneben wohl deren Eltern. Dort blieb es stehen. Es kam dem Mädchen vor, wie eine Ewigkeit,bis es endlich ganz vorn stand und eine Tür sich öffnete.

Nun war es ganz aufgeregt. Der Weihnachtsmann fragte mit freundlicher Stimme: "Na, wie heißt denn du?" Da kam eine ganz vorsichtige Stimme mit den Worten:" Ich heiße Susi!" "Und wo sind deine Eltern, Susi?" Jetzt liefen ihr doch ein paar Tränen aus den Augen, doch sie sagte tapfer: "Sie sind im Himmel bei den Engeln, sie können mich sehen und beschützen mich jeden Tag." Darauf fragte der Weihnachtsmann:" Ja Susi, bist du denn ganz allein auf diesem großen Markt, ist niemand mit dir hergekommen?" Sie schluchzte: "Nein, lieber Weihnachtsmann, es hat ja niemand für mich Zeit. Ich wohne jetzt bei meiner Tante, aber die hat eine sehr

wichtige Arbeit und ist deshalb selten zu Hause. Sie muß auch oft
am Samstag arbeiten, sowie heute und dann gibt sie mir Stifte und
Blätter, Malbücher und andere Bücher, na und ganz viel Spielzeug,
daß ich mich beschäftigen kann. Das ist ja auch schön, ich hab viele
tolle Sachen, aber wenn ich etwas besonders Schönes gemalt habe,
kann ich es niemanden zeigen. Ich hab ihr auch gesagt, daß ich so
gerne zu dir möchte, aber sie hat ja keine Zeit und sagte mir, daß du
auch nur wenig Zeit hast, weil es ja soviele KInder gibt."

Der Weihnachtsmann antwortete: "Nunja Susi, das stimmt schon,es
gibt viele Kinder,aber ich nehme mir für Jedes Zeit.Was wünscht du
dir denn am meisten?"

"Ich wünsche mir, das jemand einen Nachmittag mit mir verbringt,
vielleicht hier auf diesem schönen Markt. Ich möchte sehen, was es
da alles gibt, aber ich bin zu klein und niemand hebt mich einmal
hoch. Ich will ja garnichts haben, ich möchte es nur sehen und
vielleicht einmal Karusell fahren und eine Zuckerwatte, das wäre
schön. Das ist aber wohl ein bischen viel, nicht wahr? Im letzten Jahr
war ich mit meinen Eltern hier, es waren viele Freunde dabei, wir
sind Karusell gefahren und haben Zuckerwatte gegessen und uns die
schönen blinkenden Sachen angesehn."

Der Weihnachtsmann ist verblüfft und sagt: "Nein Susi, daß ist nun wirklich nicht zuviel verlangt."

Er nimmt Susi an die Hand und geht mit ihr hinaus. Vor seinem Häuschen stehen große Lautsprecher und ein Mikrophon. Der Weihnachtsmann nimmt es behutsam und spricht: Liebe Eltern, liebe Kinder, hier ist ein kleines Mädchen, ganz allein, ihre Eltern sind im Himmel und sie wünscht sich von mir für einen Nachmittag Zeit, um sich hier in Ruhe umzuschauen, um einmal Karusell zu fahren und Zuckerwatte zu essen. Diesen Wunsch werde ich Susi jetzt erfüllen. Wer von den KIndern, die hier noch anstehen mitkommen mag, einfach hinter mir her!"

Der Weihnachtsmann nahm Susi auf den Arm und ging mit ihr langsam über den Markt. Eine riesige Schar Kinder lief hinter den beiden her und alle riefen nach Susi. Er blieb mit Susi stehen, dort, wo sich sich etwas genauer anschauen wollte und hörte ihr zu, wenn sie über die Dinge erzählte. Die anderen Kinder hörten auch mit zu und gaben ihre Kommentare. Susi fand das lustig. Als sie alle Schaufenster und Stände durch hatten,waren sie am Karusell. Der Karusellmann wollte nun kein Geld mehr. Er lies zu Ehren von Susi alle Kinder frei fahren und Susi fuhr nicht nur einmal.Sie lernte an diesem Tag viel neue Kinder kennen.

Zum Schluss, als es schon düster wurde, gab es riesige Portionen Zuckerwatte, natürlich auch frei für alle Kinder. Manche Eltern spendeten der Zuckerwattenfrau und dem Karusellmann etwas, einfach so für diese gute Tat.

Susi hatte einen wunderschönen Nachmittag mit dem

Weihnachtsmann verbracht. Nun standen viele Eltern vor ihr und fragten sie, wo sie wohnt. Die Einen wollten sie zu Weihnachten einladen, die anderen einfach nur mal so zu einem Besuch im Hallenbad oder einer schönen Kinderfeier.

Susi hatte Tränen in den Augen, so gerührt war sie.

Am Montag Morgen saß sie mit ihrer Tante beim Frühstück, während diese wieder hektisch in der Zeitung blätterte. Da sah sie auf der Titelseite ein Bild von Susi und einen sehr langen Bericht dazu.

Ihre Schwester und ihr Schwager waren 4 Wochen davor bei einem Autounfall ums Leben gekommen. Es war für sie selbstverständlich, daß sie sich der kleinen Susi annahm und doch war ihr Schmerz so groß, daß sie sich in die Arbeit stürzte. In diesem Moment wäre sie am liebsten im Erdboden versunken.

Susi war ein sehr selbstständiges Mädchen und sie dachte, das Kind kommt schon zurecht, aber da? Sie lief zum Telefon und rief ihren Chef an. Sie sagte, daß es ihr nicht gut ginge und ob sie wohl zu Hause bleiben könne. Bei den Überstunden, die sie hatte, gab er ihr gleich bis Jahresende frei

Sie nahm Susi in den Arm und entschuldigte sich und dann redeten und redeten sie immerzu, bis es ander Tür klingelte. Da standen ein paar Eltern mit dem Weihnachtsmann. Sie hatten für den 24.12. ein großes Lokal gemietet für Susi. Viele Eltern wollten den Heilig Abend dort zusammen mit Susi und ihren eigenen Kindern verbringen.

Sie schämten sich auch, daß sie in dieser Zeit über Märkte hetzten, im Getümmel drängelten,eilig hastig und das ein kleines Mädchen sie zum Nachdenken brachte, wie wichtig Zeit mit den Menschen ist. Kein Geschenk kann die ersetzen.

Susi war überglücklich und ihre Tante willigte ein. Zu Weihnachten verbrachten sie in einem großen Saal, der geschmückt war, wie ein Weihnachtsmärchenland mit vielen Kindern, Eltern, Großeltern und natürlich dem Weihnachtsmann. Sie sangen Lieder, aßen und tranken und spielten miteinander die schönsten Spiele. Ein Mann schenkte Susi eine CD, auf der er den Nachmiitag mit dem Weihnachtsmann gefilmt hatte. Das war Susi`S schönstes Weihnachtsfest.

Sie ging am Ende hinaus, schaute zum Himmel und sagte: "Danke Mama und Papa, das habt ihr toll gemacht!"

Und wieder ein Advent

Und wieder ein Advent

und wieder ganz viel Licht.

Ich schaue in die Flamme

und sehe dein Gesicht.

Du strahlst und lachst so schön,

das steckt mich richtig an.

Das ist es was du willst

und ich nicht so oft kann.

Ich fühl, es geht dir gut,

ich fühle, du hast Spaß,

das gibt mir etwas Frieden

in Hektik und Geras.

Die Kerze wird brennen

für dich geliebtes Kind

sie bringt dir die Liebe,

bis wir zusammen sind

Das erste Lichtlein

Bald ist es wieder mal soweit.

Das erste Lichtlein brennt.

Man sitzt am Tisch allein, zu zweit,

mit Menschen, die man kennt.

Und einen Moment schaut man allein,

wenn man es gerade kann,

in den Kerzenlichterschein

und fängt zu träumen an.

Von früher, von der schönen Zeit,

von jetzt, von tollen Dingen.

von Liebe, Glück und Heiterkeit,

was mag die Zukunft bringen?!

Dann schaut man seine Lieben an,

die jetzt mit sitzen hier

und das sie da sind und gesund,

ist dankbar man dafür.

Man denkt auch an die, die einst waren,

an alles Schöne, was wir taten

in Wochen, Monaten und Jahren,

solange wir sie hatten.

Besinnlichkeit und Friedlichkeit,

Beginnt jetzt ohne Frage.

Ich wünsche euch die alle Zeit

und wunderbare Tage.

Wärme zum Advent

Nun kommt so eine schwere Zeit,

in der ich mich oft quäle.

Und doch, das 1. Lichtlein wärmt

ein wenig meine Seele.

Die viele bunte Farbenpracht

tut meinem Herz oft weh.

Doch sie bringt Licht auch in die Nacht,

damit ich noch was seh.

Ein Tränlein rollt übers Gesicht,

auch das trübt meinen Blick.

Doch sehen kann ich dich ja nicht.

Ich fühle dich, mein Glück.

Drum lass dich Lichtlein scheinen,

ist auch oft groß der Schmerz.

Und muss ich auch oft weinen.

Die Flamme wärmt mein Herz

Lass mich ein wenig träumen,

wenns erste Lichtlein brennt.

Ich wünsche euch hier allen

viel Wärme zum Advent.

Weihnachtswunderland

Es herrschte lustiges Treiben im großen Haus vom Christkind. Es mußte noch soviel gemacht werden. Viele kleine Wichtel waren fleißig am Werk. Und viele kleine Elfen flogen und kamen wieder. Es ging zu,wie imTaubenschlag. Die Elfen waren dazu da, zur Erde zu fliegen und sich die Wünsche der Menschen anzuhören. Sie lauschten mit ihren feinen Öhrchen hinter Türen und Fenstern und flogen dann zum Christkind zurück und berichteten.

Obwohl viel zu tun war, gab es weder Hektik, noch schlechte Laune. Im Gegenteil, die fleißigen Wichtel sangen oft zur Arbeit ein Lied oder spaßten miteinander. Manchmal kam das Christkind in die Werkstatt und half mit. Es sang so gerne und genoss diese lustige Atmosphäre.

Eines Tages kamen sehr verwirrt und traurig 3 noch sehr junge Elfen zum Christkind zurück und sagten ihm:" Wir haben bei Menschen gelauscht, denen es sehr schlecht geht und wir können ihnen ihre Wünsche nicht erfüllen." Dann prabbelten alle drei durcheinander, weil sie so aufgeregt waren. Das Christkind saß still da und wartete, bis ihnen die Puste ausging. Dann sagte es: "Ich habe keinen Ton verstanden,weil ihr alle drei auf einmal geredet habt. Jetzt macht es mal einer nach dem anderen" und es zeigt auf eine Elfe, die beginnen sollte. "Ach Christkind", sprach die kleine Elfe, " ich war bei einer schwerkranken Frau. Sie ist ganz allein und sie hat nicht

mehr lange zu leben und so geweint. Sie hätte so gerne noch einmal Weihnachten erlebt, aber das wird sie wohl nicht können."

Die nächste Elfe sagte:"Christkind, ich war in einer Familie, die haben ihr einziges Kind verloren und sind allein. Sie haben nur einen Wunsch, sie möchten ihr Kind wieder zurück." Und dann erzählte die dritte Elfe: "Ich war in einer Familie mit drei KIndern. Der Vater ist vor kurzem gestürzt von weit oben. Er liegt noch im Krankenhaus, aber er wird wohl nie wieder laufen können. Die KInder sind noch klein, die Mama kann noch nicht arbeiten und sie müssen hohe Schulden für ihr Haus abbezahlen. Das schaffen sie nicht. Sie wollen nur ihr Heim behalten.

Das Christkind strich den 3 jungen traurigen Elfen über den Kopf. Es sprach:" Dafür, daß ihr noch so jung seid, habt ihr gleich schwierige Wünsche bekommen. Weihnachten ist die Zeit der Wunder und da ist vieles möglich.natürlich können wir keine Vorausgegangene zurückholen, genauso wenig können wir verhindern, das weitere Menschen vorausgehen, aber wir können den Gebliebenen zeigen, daß nicht alles vorbei ist."

Die kleinen Elfen schauten das Christkind mit großen Augen fragend an und eine meinte mit zögernder Stimme: "Vorausgegangene???????"

Das Christkind lachte freundlich: "Ja, ihr drei. Die Menschen sind doch nicht einfach weg, wenn sie sterben. Sie gehen nur einfach wieder heim, dahin, wo sie hergekommen sind, ins Land des Lebens. Und das ist das schönste Land von allen überhaupt. Dort herrscht auch buntes Treiben, aber nicht für ein Fest auf der Erde, nein, einfach so immer und ewig. Sie leben und lieben und spielen und tanzen, sie schweben und fliegen, miteinander einzeln, alles wie sie es wollen. Sie haben das ewige Licht. Bei ihnen ist es nie dunkel und es gibt die herrlichsten Farben. Es ist einfach wunderbar dort.

Die kleinen Elfen waren verdutzt:" Warum sagt man das den Menschen nicht einfach oder noch besser, warum zeigt man es ihnen nicht, dieses wunderschöne Land? Und warum kommen sie dann überhaupt auf die Erde?"

"Oh, sprach das Christkind, " ein paar Einzelne haben es schon mal ein Stückchen gesehn und viele wissen, daß es da ist. Aber es gibt auch viele, die es nicht wissen und auch nicht wahr haben wollen. Im menschlichen Körper geht viel mit anfassen, riechen,sehen und das, was der Mensch am meisten braucht, um dieses Land zu erkennen, ist das Fühlen. Aber auf das Gefühl hören viele Menschen nicht, manche aus Angst, manche aus Unwissenheit. Und sie kommen auf die Erde, weil sie das selbst wollen. Diese Erde ist doch auch schön und fast jeder macht sie mit seinem Dasein ein wenig besser, ohne es zu merken."

Die aufgeregten Elfen fragen: "Können wir los und es den Menschen erzählen, ja? Bitte!

"Nein" sagt das Christkind, "sie müssen schon selbst ein bischen dahinter kommen. Aber wir können ihnen einen Schub in die richtige Richtung geben."

Die dritte Elfe meinte: "Das ist ja alles schlimm, aber es hat ja mit meiner Familie nichts zu tun und ich weiß auch nicht, was ich machen soll!"

Das Christkind nimmt die dritte Elfe bei der Hand und sagt: " Es hat wohl etwas mit deiner Familie zu tun. Ich kenne dieses schwere

Schiksal und der Mann hadert mit seinem Leben. Er möchte es gern

aufgeben, weil er meint, daß er für alle nur noch eine Last ist. Er versteht nicht, wie sehr sie ihn brauchen. Das Schlimmste, gerade in solchen Situationen ist doch das Alleinsein. Die Menschen dürfen nicht allein gelassen werden.Und die kranke Frau wird den 24.12. nicht mehr erleben, aber das heißt ja nicht, daß sie nicht noch einmal Weihnachten erleben darf. Wie ich höre, wohnen die Familien nicht weit auseinander."

Die Elfen fliegen mit einer Geschwindigkeit los, die schneller ist, als eine Rakete. Die kranke Frau liegt im Bett, wie bringt man jetzt die Anderen dahin, aber sie haben schon eine Idee. Kurz vor der Haustür der kranken Frau ist die Diakonie angekommen. Da plöztlich klingelt ihr Telefon. Sie muß zu einem Notfall. Sie klingelt bei den Nachbarn, den Eltern, die ihr einziges KInd verloren haben und bettelt regelrecht darum, daß sie der Frau helfen beim Waschen und Essen. Als sie bei der Frau angekommen waren, fangen sie vorsichtig mit Reden an. Die Frau weiß von dem schweren Schiksal und versucht, die Eltern zutrösten. Die Eltern sind darüber verwundert, wissen sie doch schließlich auch, daß sie nicht mehr lange hier ist. Uns so werden die Gespräche intensiver. Dabei erfahren sie, daß

22

diese Frau so gerne noch einmal Weihnachten erleben würde, aber das wird sie wohl nicht und sie hat ja auch keinen. Das lassen sie nicht auf sich sitzen. Ihnen ist wahrlich nicht nach Weihnachten zumute, aber der letzte Wunsch dieser Frau, sie müssen. Gleich gegenüber im Haus steht im Garten eine wunderschöne Tanne. Sie gehört der Frau mit den 3 Kindern. Die Beiden nehmen all ihren Mut zusammen und fragen, ob sie den Baum haben können, für die

Nachbarin, die so schwer krank ist. Die Frau weiß von beiden Schiksalen und ist überrascht, daß diese Menschen sich trotzdem helfen können und wenn sie das können, na dann kann sie auch. Die Tanne wird gefällt und in die Stube der kranken Frau gestellt. Die 3 Kinder schmücken den Baum, die 2 Mamas backen im Haus der kranken Frau Plätzchen. Es duftet, wie Weihnachten. Die Frau mit den 3 KIndern sagt: "Das ist es, ich muß meinen Mann hierher holen, er will nicht mehr, er muß das sehen." Und so wird es auch gemacht. Natürlich bekommt die ganze Straße diese Aktion mit und alle schmücken, backen und kochen und sie machen in der Straße einen kleinen aber doch sehr gemütlichen Weihnachtsmarkt.

Als alles fertig ist, wird die kranke Frau schön mollig angezogen, in einen Rollstuhl gesetzt und raus gefahren. Das Christkind kommt in dieser Straße bereits am 15. Dezember. Es verteilt Geschenke und sie singen Weihnachtslieder. Unter den Geschenken ist eine Brieftasche mit viel Geld. Eine Frau aus der Straße hatte in der Stadt im Internet und in Zeitungen einen Spendenaufruf gemacht für die Familie mit den 3 Kindern und es war soviel zusammen gekommen, daß sie das Haus davon bezahlen konnten. Die Familie war überglücklich und der Vater verstand jetzt, daß sie ihn alle brauchten.

Für die kranke Frau war es das schönste Weihnachtsfest überhaupt. EinenTag später kam das Ehepaar, daß den einzigen Sohn verloren hatte, wieder zu der kranken Frau. Sie bedankte sich und sie sollten es auch den anderen sagen. Sie sprach:" Ich hab nur noch auf euch gewartet, ich muß gehen. Ich hatte heute Nacht schon einen kleinen Einblick in meine neue Welt. Sie ist so wunderschön, daß ich mich nun darauf freue. Ich habe euern Jungen gesehehen. Er ist so

überglücklich. Ich soll euch Grüße von ihm bestellen. Ihr seid so traurig, daß er nie zu euch durchdringen kann. Versucht wieder , sowie die letzten Tage am Leben teilzunehmen. Dann schafft er es. Und damit ihr mir auch glaubt hat er mir gesagt, das Geheimnis zwischen meiner Mama und mir ist der große Luftballon auf dem Rummelplatz und was wir daraus machten. Mehr wollte er mir nicht sagen. Ob du es deinem Mann mal erzählst, will er dir überlassen."

Die Frau brach in Tränen aus, sie mußte sich setzen. Hatte sie am Anfang noch ein bischen an allem gezweifelt, was die Frau sagte, aber dieses Geheimnis konnte niemand wissen. Das wußte nur sie und ihr Sohn.

Sie hielten die kranke Frau an der Hand, während sie lächelte und friedlich einschlief. Die Frau sagte zu ihrem Mann: "Es geht ihr gut und unserem Jungen auch, sie kann es nur von ihm wissen und ich erzähle es dir noch heute. Wir müssen raus unter diese lieben

Menschen, sie haben uns alle geholfen." Der Mann nickte und mit Tränen in den Augen und einem Lächeln auf den Lippen gingen sie auf die Straße zu ihren Mitmenschen.

Das Christkind rief die 3 Elfen zu sich und lobte sie, weil sie diese Aufgabe gut gemeistert hatten. Doch die Elfen sagten:" Du darfst nicht uns loben, lobe die Menschen, sie brauchen nur einen Schubs in die richtige Richtung, dann vollbringen sie kleine Wunder!"

Kinderlieder

Morgen Kinder wirds was geben,

so beginnt ein altes Lied.

Ihr Kinderlein kommet,

doch bei uns da fehlt ein Glied.

Die meisten Lieder sind mit Kindern,

in der ganzen Weihnachtszeit.

Und es ist ja auch so richtig,

doch für uns ists Herzeleid.

Ihr seid schon vorausgegangen.

Das können wir nicht verstehn.

Unser ganz großes Verlangen,

wir wolln euch doch nur wiedersehn.

Stehn wirs auch durch und gehts auch weiter.

Weihnacht ist für uns eine Qual.

Denn immer, wenns dabei um euch geht,

beginnt der Satz: Es war einmal.

Wo ihr auch seid, ich wünsch euch allen

einen schönen 3. Advent.

Ihr fehlt uns sehr an allen Tagen,

doch Liebe wird niemals getrennt.

Drei Kerzen

Und wieder kommt Weihnachten,

und wieder ist Advent.

Und wieder seid ihr nicht dabei,

doch euer Licht es brennt.

Der Blick aus euerm hellen Licht

tut oftmals zu uns führn.

Leid und Schmerz, das kennt ihr nicht,

drum könnt ihr unsern auch nicht spürn.

Unsre Gedanken sind bei euch,

ihr fehlt uns allzusehr

und grad in diesen Tagen

immer noch etwas mehr.

Lasst leuchten eure Lichter

für uns auf dieser Welt

in Form von hellen Sternen

am schönen Himmelszelt.

So können wir euch winken

und zünden noch drei Kerzen,

für euch, schöne Adventszeit,

ihr seid in unsern Herzen.

Schwere Zeit

Schon wieder diese schwere Zeit,

die ewig lange Düsterkeit.

Der Lichterglanz an Adventstagen

ist manchmal kaum noch zu ertragen

Man sitzt daheim und denkt zurück,

was hatten wir mal für ein Glück.

Als wir noch froh in eure vetrauten

und liebevollen Augen schauten.

Jetzt können wir euch nicht mehr sehn,

denn ihr tut andre Wege gehen,

in einem Licht so klar und hell,

das blendet uns die Augen grell.

Der Advent kommt und er vergeht,

die Seele fällt, die Seele steht.

Egal, wie schlimm die Zeit uns rafft,

ihr führt uns durch mit Lieb und Kraft.

Drum euch einen frohen Advent,

für euch bei uns das Licht es brennt.

Strahlt schöner, als das Abendlicht.

Ach Kind, du weißt, ich liebe dich.

Zeit für Wunder

Stimmungsvoll sind alle Straßen geschmückt mit Kränzen und Lichtern. In vielen Fenstern hängen Lichterketten oder andere wunderschöne Weihnachtsdekorationen. Eine alte Frau humpelte durch die Straßen, blieb alle 5m stehen und verschnaufte. Sie trug ein paar alte Stiefel, wo die Sohlen schon ziemlich abgelatscht waren, eine Hose, in der Löcher waren. Was sie unter dem schäbigen ausgewaschenen Anorak an hatte, konnte man nicht sehen. Sie hatte sich ein ziemlich zerschlissenes aber doch großes Tuch um den Hals gebunden, das alles verdeckte. Auch in Mütze und Handschuhen waren Löcher. Sie war krank und lebte auf der Straße, doch sie konnte sich an allem erfreuen. Sie nahm die Gerüche wahr von all den leckeren Sachen, die die Händler zu bieten hatten. Das reichte ihr schon. Hunger hatte sie oft, aber kein Geld, um sich etwas zum Essen zu kaufen. So blieb sie auf einer Bank im Hintergrund sitzen und beobachtete mit einem lieben Lächeln das bunte Treiben.

Nach einer Weile kam ein Ordnungshüter der Stadt und jagte sie fort. Sie solle zu Ihresgleichen gehen. Sie stand wortlos auf, lächelte und ging nocheinmal zu dem Blumenladen. Wehleidig stand sie am Schaufenster mit Tränen in den Augen. Und wieder kam eine Verkäuferin heraus und sagte ihr mit bestimmten Ton, daß sie weiter ziehen soll. Sie schnaufte einmal durch und lief dann fort. Sie drehte sich dabei immer und immer wieder zu dem Blumenladen um und

Tränen waren noch immer in ihren Augen. Sie war es gewohnt, daß

man sie von überall weg schickte. In dieser Gesellschaft ist man nur

etwas wert, wenn man ordentlich gekleidet ist und auch etwas Geld

hat. Sie war unter einer Brücke gelandet und sie wußte; Noch einen
Winter dort würde sie nicht überleben. Aber dann war es halt so.

In einer kleinen Nebenstraße hielt sie inne. Hier war weit und breit
niemand, aber eine Sitzgelegenheit. Sie saß da und schwelgte in
Erinnerungen.

Als der Blumenladen noch ihr gehörte, als sie dort zu jeder nur
erdenklichen Gelegenheit etwas für die Kinder machte. In der
Weihnachtszeit hatte sie oft Zauberer oder Clowns vor der Türe, die
die Kinder zum Staunen brachten. Und es kostete nichts für die
Kinder. Die strahlenden Augen, das fröhliche Kinderlachen war für
sie mehr, als alles Geld der Welt. Waren ihre eigenen Kinder ja auch
immer dabei und sie gingen gerne in Mamas Blumenladen. Sie
dachte daran, wie der kleine Heiner jedes Jahr zum Muttertag kam,
um seiner Mama eine kleine Freude zu machen. Er hatte kein Geld,
er wollte immer "übrige Blumen" und sie band ihm jedesmal einen
wunderschönen Strauß und sagte: "Hier Heiner, die sind heute
übrig!" Jetzt war Heiner schon Jahre in Amerika. Er arbeitete dort in
einer Weltfirma.

Sie weiß noch, wie die alte Frieda mit ihrer Gaststätte gleich neben
ihrem Blumenladen einen Tisch in einer Ecke eingerichtet hatte für

33

Obdachlose. Nach Feierabend half sie Frieda oft, gerade diese

Menschen satt zu kriegen. Und sie hörte sich ihre Schiksale an. Zum Wochenende war sie nur an Feiertagen im Laden, sonst machte es ihre Verkäuferin, damit sie Zeit mit ihren Kindern verbringen konnte. Und sie machte tolle Sachen mit ihren beiden Mädchen. Die Zwei freuten sich immer riesig auf das Wochenende. Da ging Mama oft

mit ihnen weg. Sie haben dabei soviel Schönes gesehen und erlebt. Später kamen sie in das Alter, wo man halt nicht mehr mit Mama weg geht und dann heirateten Beide. Sie war immer gut zu ihren beiden Schwiegersöhnen, aber die verstanden ihre Geschäftspraxis nicht so ganz. Sie erklärten ihren Frauen, daß alles, was die Mutter da für fremde Kinder finanziert oder an Obdachlose gibt, von ihrem Erbe weggeht und das sie schließlich ihren Kindern mal was bieten wollen. Als die Mädchen selbst Kinder hatten, teilten sie die Meinung ihrer Männer und überwarfen sich mit ihrer Mutter. Sie brachen danach den Kontakt zu ihr ab. Sie hatte 3 Enkelkinder und noch Keines davon gesehen. Sie war in ihrem Laden den ganzen Tag die gute liebe Frau, freundlich mit Jedem und sie half, wo sie konnte. Aber am Abend zerriss es ihr das Herz.

Und dann kam der schlimme Tag. Sie krachte in ihrem Laden einfach zusammen. Der Rettungsdienst fuhr sie in ein Krankenhaus. Man untersuchte sie und fand nichts, doch sie wachte nicht auf. Sie lag im Coma, lange, lange. In den ersten vier Wochen kamen ihre Mädchen 2mal in die Klinik, aber mehr, um den Arzt zu fragen, wie es aussieht. Doch der konnte nichts sagen. Die Zeit verging. Nach 6 Monaten liesen sie sich vom Hausarzt bescheinigen, daß sie wohl auch im Falle des Aufwachens nicht wieder Herr ihrer Sinne wäre.

Dann verkauften sie ihren Blumenladen, den ihre Verkäuferin bis dahin mutig weiter geführt hatte. Sie setzten sie auf die Straße und verkauften auch ihr Haus. Die Verkäuferin war die Einzige, die die Frau noch regelmäßig besuchte, doch als sie einen Mann kennen lernte und von weiter weg ein tolles Arbeitsangebot bekam, griff sie zu.

Nach über einem Jahr wachte die Frau, wie durch ein Wunder auf

Sie lies alle Reha-Maßnahmen über sich ergehen. Ihre Lunge ging nicht mehr so gut und sie hatte Schwierigkeiten bei der kleinsten Anstrengung. Aber sie wurde entlassen. Sie stand vor dem Nichts, als sie raus kam. In ihrem Blumenladen waren fremde Leute, in ihrem Haus wohnte eine junge Familie.

Die alte Frieda war gestorben und ihre schöne Gaststätte war jetzt ein Computerladen. Obdachlose sah man kaum noch in der Stadt. Sie wurden von überall nur verjagt. Sie gesellte sich dadurch zu den Obdachlosen. Hier war sie erwünscht, aber hier hatte auch jeder mit sich zu kämpfen. Sie war den Winter davor ausgerutscht und hatte sich das Bein gebrochen. Es war nicht wieder richtig zusammengeheilt, trotz einer OP. Obdachlose werden ja nur grundversorgt. Seither humpelte sie auch. Wehleidig lief ihr jetzt doch eine Träne übers Gesicht. Sie hatte ihr Leben lang nur geholfen, aber sie hat ja auch nie eine Gegenleistung gewollt.

Plötzlich streifte fröhlich pfeifend ein junger Mann in die

Nebenstraße. Sie erschrak, wollte schnell aufstehen, um weg zu gehen und rutschte dabei wieder aus. Bevor sie hinfallen konnte, fing der junge Mann sie auf mit den Worten: "Warum denn so schreckhaft, Mütterchen, ich tue Ihnen nichts!" Mit einem Blick sah er ihr Äußeres, aber das störte ihn nicht, das erweckte eher sein Mitleid und dann sah er sie und erschrak:"Tante Liese, bist du das???" Die Frau schaute den jungen Mann forschend an und erkannte diese neugierigen, aufmerksamen, liebevollen Augen. Aber sie konnte nichts sagen. Sie wußte, wie sie aussah und sie wußte nicht, ob Heiner sich nicht gleich von ihr abwenden würde. Das tat er aber nicht. "Tante Liese, was ist denn passiert? Wieso sitzt du so in einer Nebengasse und nicht in deiner Stube mit deinen Kindern und Enkeln?" Tante Liese erzählte alles und sie weinte dabei bitterlich. Heiner schüttelte den Kopf. Er konnte das alles nicht fassen. Dann nahm er die gute Frau, stützte sie und lief mit ihr in Richtung Blumenladen. Sie wollte nicht, aber Heiner war entschlossen. Er stellte sich mit ihr vor den Laden und rief laut: "Hey Leute, das hier ist unsere liebe Tante Liese, der dieser Blumenladen gehört. Wißt ihr noch, wie sie uns immer Bonbons und Schokolade geschenkt hat und wie oft wir vor ihrem Geschäft als Kinder spannende Gaukler bestaunen konnten?" Viele drehte sich um und es kamen immer mehr Menschen. "Wißt ihr noch, wievielen Kindern sie Blumen geschenkt hat, damit wir unseren Müttern eine Freude machen konnten? Dieser Blumenladen ist immernoch ihrer und ich werde dafür sorgen, daß sie ihn zurück bekommt. Man kann einer

36

Frau, die im Coma liegt, nicht einfach alles abnehmen! Aber ihr, die ihr hier steht, schämt ihr euch nicht?! Einige von euch haben es mitbekommen und nichts getan!" Ein paar Köpfe sanken in die Tiefe. " Und habt ihr nicht gerade bei ihr gelernt, daß man alle Menschen gleich behandelt und wenn man übrig hat auch helfen kann. Es ist vor Weihnachten. Ihr schmeißt hier viel Geld hinaus für Dinge, die ihr nicht braucht, aber keiner hat ihre zerschlissenen Kleider gesehen, durch die sie friert. Wie oft hat ihr Blumenladen uns aufgewärmt, wie oft hat sie uns die Handschuhe ausgezogen und uns die Hände warm gerubbelt. Jeder von euch kann unverschuldet in eine solche Lage kommen. Wer hier jetzt überhaupt noch ein Herz hat, läuft los und holt etwas, was Tante Liese brauchen kann." Nach einer halben Stunde lag ein Berg mit Winterkleidern, Schuhen,

Essen, Trinken und einer Spendendose, die randvoll gefüllt war, auf einer Bank neben Tante Liese. Sie saß da und aß und trank mit Heiner viele leckere Sachen. Viele, die sie garnicht erkannt hatten, aber auch gleich verachtend auf sie herabschauten, entschuldigten sich nun bei ihr. Heiner brachte sie in seinem Elternhaus unter. Es stand leer, seit seine Mutter mit dem neuen Freund weggezogen war. Und er war ja auch nicht viel da. Er ging für sie zum Anwalt und zu Ämtern. Eine Woche später hatte sie ihren Blumenladen wieder und behielt die, die bisher darin waren als Verkäuferinnen. Sie konnte sich doch nicht mehr so gut bewegen.

Die Zeit war auch gerade noch richtig, um einen Zauberer zu bestellen, der auch kein Geld von Liese wollte. Es standen viele Kinder vor dem Blumenladen und staunten. Als der Zauberer fertig war, kamen 3 Kinder in den Laden, 2 Mädchen und ein Junge. Sie standen vor Tante Liese und sagten vorsichtig zu ihr:" Wir sind deine Enkelkinder. Wir wußten das nicht. Unsere Eltern haben nie von dir gesprochen und sie wissen auch nicht, daß wir hier sind. Aber wir wollten dich kennen lernen. Wir werden es ihnen aber sagen, denn du gehörst ja zu uns."

Liese nahm die Kinder in den Arm und hielt sie bestimmt 5min fest. Sie war überglücklich. Ein größeres Wunder hätte es für sie Weihnachten nicht geben können! Aber auch nicht für Heiner, hatte er doch einmal ein kleines Stück, von allem, was er von Tante Liese bekommen hat, zurück geben können.

(Es liegt auch an den Menschen, ob kleine Wunder geschehen, immer auch an den Menschen)

Die Sterne

Die Sterne spazierten am Himmel entlang. Die kleinen spielten miteinander, die großen sprachen miteinander. Sie sahen immer wieder auf die Erde und leuchteten dabei richtig hell und schön. Die Sternenkinder taten das nicht immer. Sie waren oft so in ihr Spiel vertieft, daß sie das Strahlen darüber vergaßen. Sie orientierten sich alle an einem einzigen Stern, der fest stand, immer an der gleichen Stelle und allen anderen damit Halt gab. Es war der Polarstern. Die kleinen Sterne sahen oft zu ihm hin, weil er so hell leuchtete, aber wie Kleine eben mal so sind, lassen sie sich auch schnell ablenken. Immer wieder werden sie von den Großen darauf hin gewiesen, daß sie das Strahlen nicht vergessen sollen. Ein Kleiner wollte spielen und nicht strahlen und meinte:" Es ist soviel Licht zur Zeit bei den Menschen, die brauchen uns nicht. Dieses Adventszeug, was die da haben mit sovielen Kerzen und Beleuchtungen macht die Erde auch so hell genug!" "Es ist etwas völlig anderes", sagte einer der großen Sterne, "ob du eine künstliche Beleuchtung hast oder einen Sternenhimmel. Uns sehen die Menschen lieber, an uns können sie sich orientieren, sowie wir am Polarstern!"
Ein etwas rebellischer schon jugendlicher Stern meinte daraufhin sauer: " Wenn sie sich an uns erfreuen und sich an uns orientieren, sollte das doch etwas Gutes sein?!" Die Großen nickten. "Dann können wir genauso gut mit Strahlen aufhören!" Einer der Großen fragte, warum! Er sagte: "Gut ist, wenn man sich freut, wenn man lacht, wen man anderen hilft, wenn man nicht nur an sich denkt!

Richtig?" Die Sterne nickten. "Die Menschen denken nur an sich

selbst, sie streiten, sie bekämpfen sich, sie schätzen nicht die kostbaren Dinge, die die Natur ihnen bietet. In der Zeit um den 24.12. ist es fast überall mal etwas friedlicher, aber was nützt dieser eine Tag, wenn sie danach wieder genauso weiter machen?! Wozu leuchten wir, sie sehen uns doch garnicht!"
Nun standen auch die großen Sterne am Himmelszelt und überlegten. Da war was dran, was dieser junge Stern sagte. Die Menschen schauten kaum zum Himmel, sie waren alle so beschäftigt und sie waren auch nicht gut miteinander und sie bekämpften sich. So beschlossen sie, nun auch an sich zu denken und nicht mehr für die Menschen zu strahlen. So vergingen die Tage und den Sternen wurde dabei langweilig. Sie verloren ihre Freude. Und doch sahen sie, daß der Polarstern als Einziger weiter leuchtete. Ansonsten war der Himmel jeden Abend grau und viele Menschen standen an den Fenstern und suchten, ob durch die Wolken nicht wenigsten ein Sternchen leuchtete. Aber da war nichts und das machte auch die Menschen traurig. Konnten all die hellen Kerzen und die wunderschönen Beleuchtungen keinen Sternenhimmel ersetzen.
Die Sterne konnten den Polarstern nicht verstehen. Also gingen sie zusammen mit vereinten Kräften und auch traurig zu ihm. Ein Großer trat hervor:"Warum leuchtest du noch, siehst du nicht, was die Menschen anrichten?"
Der Polarstern antwortete:" Doch, ich sehe es! Dort spielen Mütter mit ihren Kindern und das, obwohl sie traurig sind, weil keine

Sterne mehr leuchten! Dort arbeiten Väter hart, um unsere Welt zu erhalten und natürlich auch, um Geld zu verdienen für ihre Familien. Da drüben sitzen die Alten, kuscheln und überlegen dabei, wie sie ihren Kindern und Enkeln helfen können. Hier rennen Ärzte und Krankenschwestern, um einem schwerkranken Menschen zu helfen, dort arbeiten freiwillige Helfer in einem Kinderdorf, damit die Kinder, die sonst nichts mehr haben, auch weiter leben können! Was soll ich euch noch aufzählen?!" Der Große antwortete: "Und siehst du, wie sie sich dort bekämpfen mit Waffen und siehst du, wie sie sich dort streiten und siehst du, wie diese dort hetzen und garnichts mehr sehen!"
"Ihr seid traurig geworden, ihr habt ein ganzes Stück eurer Freude verloren!" sagte der Polarstern. "Wißt ihr, warum?" Die Sterne schüttelten die Köpfe. "Weil ihr zum Leuchten und Strahlen da seid und eure Freude kommt durch all diejenigen, die sich an euch erfreuen. Als ihr noch geleuchtet habt, wart ihr voller Freude. Also kann es doch unter den Menschen nicht so schlimm sein. Es erfreuen sich Soviele an euch und momentan suchen sie euch jeden Abend. Ihr dürft euch nicht von den Wenigen beirren lassen, die nicht gut sind und uns auch nicht anschauen. Die Mehrheit der Menschen ist gut und sie haben ihren Sternenhimmel verdient, denn sie machen euch ja auch glücklich und Glück steckt an. Damit konnte schon so mancher Mensch dem anderen neue Hoffnung geben. Und wenn es auf der Erde nur noch einen guten Menschen gäbe, der sich an euch erfreut, dann müßt ihr für ihn leuchten."
In den letzten Tagen des Jahres strahlte der Himmel mit großen und kleinen Sternen. Die Menschen machte ihre Beleuchtungen

aus, um dieses herrliche Strahlen in seinen ganzen Maßen zu sehen und sie waren der Ansicht, daß der Sternenhimmel noch nie so schön war.

Was ist Advent

Zeit des Wartens, der Advent,
Zeit für Besinnlichkeit.
Am Kranze nun ein Lichtlein brennt.
Kommt aus der Germanenzeit.

Die Toten taten sie verehren
mit Kränzen rund und grün.
Die Tannenzweige schnitt man mit Scheren,
es sollte alles neu erblühn.

Man entzündete gleich 4 Kerzen
weil es so dunkel war.
Und dacht mit Freude und mit Schmerzen,
an die, die nicht mehr da.

Für die Jahreszeiten stehn die Kerzen,
für Anfang und Ende zugleich.
Wir haben euch in unseren Herzen
und sind dadurch ganz reich.

Weihnachten

Hell erleuchtet sind die Räume.
Frieden ist in uns gekehrt.
Wunderschöne Weihnachtsbäume
haben wir uns selbst beschert.

Doch wir brauchen alle bitte
einen großen Augenblick.
Ihr seid noch in unsrer Mitte
und wir denken gern zurück.

An eine Zeit mit ganz viel Spaß,
weil wir noch zusammen waren.
Wir danken, daß ihr bei uns wart.
Wir danken euch für all die Jahre.

Wir feiern es in euerm Sinn,
nicht nur mit gutem Essen.
Wir gehen auch zum Friedhof hin,
ihr werdet nie vergessen.

Ich wünsche mir!

Die Familie ist eigentlich komplett, Mutter, Vater, drei gesunde Kinder, alles was man sich wünschen kann. Aber die Familie hat trotzdem viele Wünsche. Letztes Jahr Weihnachten hat der Älteste eine Wii bekommen mit Spielen dazu. Nun verbrachte er sehr viel Freizeit davor und hatte somit weniger Zeit für seine Geschwister, seine Freunde und seine Eltern. Es gab oft Streit deshalb. Aber der Größte blieb an seinem tollen Gerät sitzen, bis das Disaster kam. Es ging etwas kaputt und sie ging nicht mehr. Er war ärgerlich, gereizt, nur noch schlecht gelaunt. Er wollte ja spielen und konnte nicht mehr. Er fuhr jeden Tag seinen Mutter an, weil das Teil noch immer nicht aus der Werkstatt da war.

Der Zweit Älteste hatte einen teuren Fotoapparat bekommen, weil er nun mal sehr gerne fotografierte und die Bilder auch selbst entwickelte. Er war täglich damit unterwegs, somit auch wenig zu Hause. Er knipste, was ihm vor die Linse kam, aber er druckte auch alles aus. So brauchte er ständig neue Druckerpatronen und neues Fotopapier. Das gab auch nur Ärger, meistens mit dem Vater, weil das eben teuer war.

Die Kleinste hatte ein nagelneues Smartphone bekommen mit Vertrag auf die Eltern. Das bereuten sie schon nach dem 1. Monat. Sie machte mit dem Ding alles, was nur ging und sie verbrachte Stunden am Tag damit. Wenn man mit ihr sprach, konnte sie einen nicht mehr ansehen, denn sie hatte ständig dieses Teil in der Hand und tippte darauf herum. Es gab doch Menschen, die das als unhöflich empfanden, was sie nun garnicht verstand.

Die Mutter hatte ein Wellnes Wochenende bekommen, nur für sich allein, daß sie mal entspannen konnte. Das hat sie dann für dieses Wochenende auch gebraucht, denn als sie zurück kam, war in der Wohnung ein Chaos, als wäre sie 4 Wochen weg gewesen.

Der Vater hatte einen Gutschein zum Bier brauen mit anschließendem Umtrunk in der Brauerei bekommen. Er war allein dahin gegangen, weil die Kinder sowas langweilig fanden und die Mutter eklig. So amüsierte er sich und trank natürlich viel zuviel. Schwankend zu Hause angekommen, riss er die neuen Wohnzimmergardinen ab, weil er sich daran festhalten wollte. Dabei stürzte er in die Schrankwand und auf ihn blumste sehr viel Deko und Gläser. Das meiste ging dabei zu Bruch und er verletzte sich dabei so schwer, daß er ins Krankenhaus mußte.

Und nun geht es wieder auf Weihnachten zu und jeder hat wieder viele teure Wünsche. Die Oma ist zu Besuch und hört alles. Oh, sie könnte von ihrem Gesparten jeden dieser Wünsche erfüllen, aber sie denkt nicht im Traum daran.

Der Mittlere fragte dann doch mal die Oma, was sie sich zu Weihnachten wünscht. Sie antwortet: "ich wünsche mir Frieden auf der Welt und das meine Kinder und Enkel dieses Weihnachten bei mir feiern, ohne Handy, ohne Fotoapparat und ohne Wii!"

"Den Frieden kriegst du eh nicht, Oma und ohne die ganzen Sachen, voll ätzend und langweilig. Das geht mal gar nicht!" war die Antwort ihres Enkels

Die Oma:" Vielleicht ist es mein letztes Weihnachten, das weiß man in meinem Alter nie und da hätte ich mir das schon gewünscht, aber wenn ihr nicht wollt, ist es auch gut.!"

Der Große Enkel mischt sich ein: "Was heißt nicht wollen? Wir können dir keinen Weltfrieden bringen!"

"Und Weihnachten bei mir verbringen könnt ihr auch nicht?" fragt die Oma

Genervt schaut sich die Familie an und gibt den Wunsch der alten Frau etwas widerwillig nach. So trudeln sie alle am 24.12. bei der Oma ein. Sie hat alles fein her gerichtet. Der Tisch ist geschmückt und aus der Küche duftet es. Die Betten sind für alle frisch bezogen. So richten sie sich alle kurz ein und gehen dann an den Tisch. Oma hat schon für diesen Abend eine leckere Ente gemacht, Klöße und Rotkohl und Nachtisch gibt es auch noch. Doch Oma verlangt, daß alle zusammen vor dem Essen ein Weihnachtslied singen.

Die Kinder verdrehen die Augen, bis die Oma beginnt: Jingle Bells" zu singen. Sie singen den Refrain mit und es macht ihnen sogar Spaß. Den Text können sie nicht mehr, vergessen. Wurde mal in der Schule gelernt und dann eben nicht mehr angewandt. Umso erstaunter schaun sie, daß die Oma das ganze Lied auswendig kann. Da würden sie ihr jetzt gerne Konkurrenz machen. Die Eltern staunen auch. Oma sagt, daß sie das immer auf der Rentner-Weihnachtsfeier singen nach 1-2 Gläschen Glühwein. Die Familie lacht. Dann beginnen sie zu Essen und es schmeckt lecker, vom Hauptgang bis zum Nachtisch.

Die Kinder würden sich nun gerne in ihre Zimmer verkrümeln, aber nix da. Oma packt Spiele auf den Tisch, Monopoly, Tabu und Uno. Wieder schaut sich die Familie genervt an, entscheiden sich dann aber für Tabu. Oma macht dazu moderne Weihnachtsmusik an und los gehts. Und die Familie hat so einen Riesenspaß dabei, wie schon ewig nicht mehr. Die Oma wird langsam müde, aber der Rest der Familie will nicht auf hören und sie freut sich darüber.

Am 1 Weihnachtfeiertag schlafen alle recht lange. Am Frühstückstisch gegen 10.30 Uhr erzählen alle von dem herrlichen Heilig Abend, den sie hatten und nicht einer hatte an Geschenke gedacht. Am Nachmittag hatte Oma ein neues Spiel vorbereitet. Jeder sollte auf einen Zettel schreiben, was ihm an den anderen 4 Familienmitgliedern besonders gefällt. Und sie schrieben und ein Zettel reichte nicht und dann durfte Jeder vorlesen und der Rest der Familie war nur erstaunt, was andere doch bemerkt hatten und gut fanden, wenn es auch nie ausgesprochen wurde. Und was freute sich die Familie da. Am Abend kam Oma mit einem Umschlag, der weihnachtlich verpackt war. "Da ihr gestern so vertieft in Spiel und erzählen wart, wollte ich es nicht unterbrechen. Ihr hattet es nämlich sehr nötig. Hier ist mein Weihnachtsgeschenk für euch alle!" Keiner traute sich, den Umschlag zu nehmen und so gab sie ihn der Mutter. Sie öffnete ihn vorsichtig. Zum Vorschein kam ein 3wöchiger Urlaub für die ganze Familie. Und Oma sagte:" Damit ihr öfter mal alle zusammen was macht!" Tränen standen in allen Augen und sich drückten ihre Oma ganz fest. Jetzt trauten sie sich kaum mit ihrem Geschenk für sie heraus, denn es war technisch." Nun zeigt schon her!" sagte sie und sie holten es und standen mit etwas gesenkten Köpfen da, als müßten sie sich schämen. Es war ein Handy, damit sie öfter miteinander telefonieren können. Oma freute sich riesig. Sie sagte:"Die Sachen sind doch nicht schlecht, die ihr habt und dieses Handy ist für mich sehr praktisch. So kann ich auch von unterwegs mal jemanden anrufen, wenn es mir nicht gut geht. Man darf sich davon nur nicht abhängig machen. Denn wenn man von so einem Gerät abhängig ist, will man die Menschen um sich herum nicht mehr, man spürt die Liebe nicht mehr, die sie einem entgegen bringen und verzichtet auf soviel Spaß und Leben."

Der Älteste fragt: Oma, wielange dürfen wir bleiben, wir hatten schon Ewigkeiten nicht mehr so ein schönes Fest!" Natürlich durften sie bleiben, solange sie wollten. Also meldeten sie sich gleich bis Neujahr. Als die Oma an diesem Abend schlafen ging, rutschte die Familie zusammen und tuschelte, denn sie wußten noch so ein schönes Geschenk. Zwischen den Feiertagen stürmten sie ins Reisebüro, zeigten ihren Urlaubsgutschein vor und fragten, ob da wohl noch ein Platz mehr wäre. Und sie hatten Glück.

Am Nachmittag hatte die Oma Tränen in den Augen. Die Kleine sagte:" Oma, wir fahren nicht ohne dich in den Urlaub, wir gehören nämlich alle zusammen. Und wir feiern jetzt jedes Weihnachtsfest bei dir ohne technische Geräte, versprochen!" Hatte die alte Frau nicht nur geschafft, die kleine Familie wieder ein Stückchen näher zu bringen, oh nein, sie hat dabei auch noch soviel für sich gewonnen und sie sagte mit Tränen in den Augen: "Kinder, so beginnt Weltfrieden!"

Weihnachtslicht

Die Flamme war noch nie so groß,
vom Kerzenlichterschein..
Leg mich zurück und lasse los
und schaue tief hinein.

Sie gibt mir Ruhe, ein Gefühl,
als willst du mir was sagen.
Ich merke so, wie ich dich will,
wie in vergangnen Tagen.

Ich schau sie an, sie schaut zurück
und tut sich dabei strecken,
als will sie zeigen mir ein Stück,
was Wolken sanft bedecken.

Sie ist so schön, fast so wie du.
Sie wärmt mich auch ein wenig.
Mein Blick gilt ihr nur immerzu,
die Augen sind schon tränig.

Man kann so einen kleinen Docht
zum Feuer hell entfachen.
und er brennt lange, lässt und träumen,
bringt uns gar zum Lachen.

Er zeigt, in größter Dunkelheit,
gibts irgendwo ein Licht.
Und das ist da, wo ihr jetzt seid,
ihr habt den Kampf besiegt.

Ihr gebt uns Licht in dunkler Nacht,
ihr gebt den Kerzenschein.
Und wir sind gut von euch bewacht.
So leuchtet Weihnacht ein.

Alles wird anders

Der alte Emil stapfte durch die Straße. Er war auf dem Weg
zum Arbeitsamt. Er ist über 70 Jahre. Es ist Vorweihnachtszeit.
Überall blinken Lichter, überall war laute Musik zu hören und
die unterschiedlichen Lieder übertönen sich. Emil denkt nur:
Was für eine Stromverschwendung! Er sucht den Stand von der
alten Greta. Sie verkauft auf dem Weihnachtsmarkt schon über
40 Jahre Würstchen und Getränke. Doch auf ihrem Stellplatz
steht ein junger Verkäufer mit vegetarischen Genüssen. Emil
fragt nach Greta. Der junge Verkäufer erklärt ihm, das alles
anders wird und Greta zu alt wäre für diese Zeit. Immer ein
und dasselbe, Würstchen und Getränke und das schon 40 Jahre,
sie hat sich auf keine Veränderung eingelassen. So bekam sie in
diesem Jahr keinen Platz mehr: Emil denkt: Was für ein
Rozzlöffel, kein Schwein hat an seinem Stand gekauft. Bei
Greta war immer alles voll.
Er läuft weiter bis zu dem großen Platz, auf dem der
geschmückte Weihnachtbaum steht. Jedes Jahr hatte Emil die
schönen alten Kugeln bewundert, die bis über die Mitte des
Baumes hingen und jedes Jahr freute er sich über die vielen
glücklichen Kinder, die den Baum von unten her plünderten.
Denn unten hingen Süßigkeiten und jeden Nachmittag um 16
Uhr durften die Kinder den unteren Teil des Baumes ableeren.
Aber der Weihnachtsmann hängte ihn ja über Nacht wieder
voll. Doch was war dieses Jahr los? Zwei junge Leute, die

diesen Baum mit geschmückt hatten, stehen davor und bewundern ihr Prachtwerk. Emil schaut den Baum an und fragt die Beiden:"Wo sind die alten Kugeln und das Naschwerk für die Kinder? Und was ist das, was da dran hängt?" Die jungen Leute lachen:"Mensch Opa, das wird jetzt alles anders. Die alten Kugeln haben ausgedient und Süßigkeiten sind ersten ungesund für die Zähne und zweitens haben wir auch keine Zeit, jeden Tag da Neues Zeug dran zu hängen. Das was du siehst, sind Glitzerblumen und Glitzerbälle. Das ist jetzt in." Emil läuft enttäuscht weiter. Er hat nun schon nichts Essen können und für seine Augen waren die blauen grellen Lichter von diesem neumodischen Zeug eher anstrengend, als schön. Er sah die vielen schicken Restaurants auf seinem Weg, aber das konnte Emil sich nicht leisten. So beschloss er, an Hugos Imbiss eine Kleinigkeit zu essen. Er war schon fast ein Jahr nicht mehr da und da gab es auch leckere Sachen zu kleinen Preisen. Es war dort alles sehr einfach und das Essen gab es auch auf Papptellern, aber das störte Emil nicht. Als er angekommen war, traute er seinen Augen nicht. Alles war umgebaut und renoviert. Alles war schick und es gab Porzellangeschirr, doch saß da kaum noch jemand drin. Emil ging rein, er wollte nur eine Wurst mit etwas Senf doch Hugo schüttelte den Kopf:" Emil, man muss mit der Zeit gehen, das ist jetzt alles anders geworden. Ich verkaufe nur noch komplette Mahlzeiten!" und er reichte Emil eine Speisekarte. Emil überflog sie, er hatte vor allem die Preise gelesen und mußte dankend ablehnen.

Mit knurrendem Magen war er auf dem Arbeitsamt angekommen.Er kommt sich, wie immer, wie ein Bittsteller vor. Doch er braucht das Geld noch 2 Monate. Ende Februar ist dann die letzte Rate auf sein Haus bezahlt. Und dann kann er mit seinen fast 600€ Rente gut auskommen, vielleicht sogar noch sparen. Die Frau vom Amt erklärt ihm, daß es für ihn keine Grundsicherung mehr gibt, weil ja jetzt alles anders ist. Immerhin habe er ein Haus und das kann er veräußern. Es ist ja fast abgezahlt. Und wenn er es verkauft, kann er die letzten beiden Raten auf einmal begleichen und sich eine schöne kleine Stadtwohnung nehmen. Zwischendurch kommt eine Kollegin ins Zimmer und sagt der Frau, daß die Nummer 277 jetzt da ist. Emil kann kaum noch:"Ich bin also eine Nummer, welche hab ich denn? Nein, ich will es garnicht wissen. Ich muss ja glücklicherweise noch nicht mit einem Pullover rumlaufen, der gestreift ist und auf dem sie drauf steht! Sie kennen mich überhaupt nicht. Sie wissen nichts von mir und meinem Leben, nichts von dem Haus, nichts davon, was ich bis heute zusätzlich an diesem Haus mache und von meiner mickrigen Rente selbst bezahle. Und wenn ich jetzt raus gehe und mich von einer Brücke stürze, erfahren Sie nur, daß die Nummer sowieso Suizid begangen hat. Und dann machen Sie ein Häkchen in ihren Computer und alles ist in Ordnung für Sie! Sie wissen nichts über mich, dürfen aber über mich entscheiden. Behalten Sie das Geld, daß Ihnen nicht einmal gehört und für das ich jahrelang gearbeitet habe!" Ärgerlich aber entschlossen verlässt Emil den Raum.

Er geht auf dem Rückweg einen anderen Weg durch kleine Gassen, die nicht im Getümmel des Ortes liegen, damit er nicht noch einmal über diesen neumodischen Weihnachtsmarkt muss. Dabei kommt er in ein anderes Gedränge, eine kleine Imbissbude, die in einer kleinen Gasse steht, vor der aber unzählige Leute stehen. Der Duft von Würsten zieht in seine Nase und er stellt sich an. Er bekommt endlich seine geliebte Wurst für kleines Geld und setzt sich genüßlich auf eine Bank. Ein junger Mann sitzt neben ihm und kaut auch fröhlich auf seiner Wurst:"Frohe Adventszeit!" sagt er höflich zu Emil und der erwidert den Gruß. "Mein Gott, daß hier noch ein Bude ist mit bezahlbaren Würsten, wo doch jetzt alles anders wird." Der junge Mann lächelt ihn an und nickt mit dem Kopf:" Ja, es wird alles anders, aber sicher wird vieles nicht besser, eher schlechter. Ich habe bis letztes Jahr den Weihnachtsbaum mit geschmückt. Es waren immer dieselben Kugeln, aber aus einer Zeit, die Viele nicht kannten und die sie kannten, wußten sie zu schätzen. Ich habe jeden Abend mit Freude neue Leckereien an den Baum gehängt, damit ich am anderen Nachmittag wieder die fröhlichen Kinderaugen sehen konnte. Dieses Jahr kamen Weltverbesserer mit Beziehungen ins Rathaus. Der Baum sieht furchtbar aus und manche Kinder haben davor geweint. Die meisten Menschen laufen jetzt achtlos an ihm vorbei. Was soll man vor diesen grellen Lichtern auch stehen bleiben, die machen einem ja die Augen kaputt. Macht aber nix, Opa. Die ausgedienten Kugeln haben sie mir geschenkt. Ich wohne am Waldrand in einem kleinen Haus. Komm doch heute Nachmittag um 4 einfach mal vorbei. Mit den Neuerungen ist es überall so, da kommen Weltverbesserer und Leute, die auf Arbeit Lange Weile haben und dann was ganz tolles Neues erfinden und dann wird es halt zum Gesetz gemacht. Die Leute schimpfen am Anfang drüber, hinterfragen tun sie es aber kaum und dagegen tun sie auch nichts und irgendwann gewöhnen sie sich an Dinge, die schlecht und belastend sind."

"Ich habe das heute schon öfter gehört, ich kann in meinem Alter nicht mehr viel machen. Meine Grundsicherung haben sie mir heute auch gestrichen, das Haus ist ja im Februar abgezahlt!. Hast du ne Visitenkarte, damit ich weiß, wo ich heute Nachmittag hin muss?" sagt Emil.

"So einen modernen Kram habe ich nicht, da müßte ich mir ja ständig neues teures Papier kaufen und mich an einen Computer setzen. Das raubt mir auch nur die Zeit. Ich erkläre es dir, du wirst es finden!"

Am Nachmittag macht sich Emil auf den Weg. Auf einem Grundstück am Waldrand sind mehr Besucher, als auf dem ganzen Weihnachtsmarkt und kaum zu glauben, da steht Greta mit ihrer Bude. Im Garten des jungen Mannes steht ein großer Weihnachtsbaum, geschmückt mit den alten ausgedienten Kugeln und unten am Baum hängen Leckereien. Um 16 Uhr öffnet er die Gartentür und die Kinder strömen rein und

56

plündern den Baum. Emil glaubt sich fast in einer anderen Welt. Der junge Mann kommt auf ihn zu, reicht ihm eine Tasse heißen Glühwein und ruft die Kinder:"Setzt euch mal alle hier zu dem alten Mann. Er kann euch ganz sicher auch viel von früher erzählen, was man da so an Weihnachten gemacht hat!" Und dabei grinst er Emil an und sagt:"Du kannst was tun, du wußtest es nur nicht!"

Als die Menschen spät am Abend nach Hause gegangen waren, ruft der junge Mann Emil zu sich rein. Er hat eine liebenswerte Frau. "Du heißt Emil, nicht wahr, ich mache hier viel für die Kinder. Mir gehört das ganze riesengroße Grundstück und was soll ich damit schon machen? Also nutze ich es so. Ja, es wird alles anders, aber ich versuche hier, Eltern und Kinder zum Nachdenken anzuregen und soll ich dir was sagen? Es funktioniert. Ich kann dich gut brauchen. Die Kinder haben dir heute neugierig zugehört und gleich darüber nachgedacht, wie man ohne Geld dies oder das machen kann. Wirst du wieder kommen?"

Emil lehnt sich in einem bequemen Stuhl zurück und meint:"Naja, wenn ich hier immer kostenlos ein Getränk gereicht bekomme, dann mache ich das!" Er muss dabei genauso schmunzeln, wie der Mann mit seiner Frau!"Aber sag mal, wie machst du das, Glühwein, Kuchen, Würste und jeden Tag Leckereien umsonst?"

Der junge Mann sagt lächelnd:"Wir geben sicher viel mit und wir machen hier Kaffee und Glühwein, aber das meiste kommt von allen Eltern und Gästen. Jeder macht etwas und da brauchen wir kein Geld."

Wenn etwas einfach nur gut ist, warum kann man es dann nicht so lassen und dankbar und zufrieden sein!